MANUAL KADO

Ernesto P. Neto

Copyright © 2024 Ernesto Pilotto Neto

All rights reserved

No part of this book may be reproduced, or stored in a retrieval system, or transmitted in any form or by any means, electronic, mechanical, photocopying, recording, or otherwise, without express written permission of the publisher.

Cover design by: Art Copilor
Printed in the United States of America

"Kufanya ni kujifunza"
(Fazer é aprender)

CONTENTS

Title Page
Copyright
Epigraph
Apresentação
Palavras do Autor
Introdução
1. Atenção e Reação Rápida   3
2. Precaução e Ações Cobertas   7
3. Elementos da Gestão   12
4. Cronograma Manual Kado   20
5. Exemplo Prático da Aplicação do Kado   28
6. Provérbios Swahili Antigos: Sabedoria para a Vida Moderna   30

APRESENTAÇÃO

MANUAL KADO é uma obra que busca estudar, compreender e conectar o conhecimento e utilização do instinto de sobrevivência, tão evidente na natureza. Unindo a isso nos utilizamos da sabedoria ancestral, baseando-nos em quatro elementos clássicos balizando a gestão empresarial contemporânea.

Somos constantemente desafiados a estarmos atentos e precavidos para os embates empresariais, a atender demandas extraordinárias e confrontar mercados em expansão. E sem dúvida sempre serão necessários novos conhecimentos e ferramentas para esses embates.

Este livro oferece essa abordagem inovadora para entender e melhorar as práticas de gestão desde os pequenos aos grandes negócios empresariais.

PALAVRAS DO AUTOR

Ao longo da minha carreira, sempre busquei formas de entender e aprimorar as dinâmicas dos negócios. Ao estudar filosofias antigas e as lições da natureza, descobri uma fonte de sabedoria inestimável nos quatro elementos clássicos: terra, ar, água e fogo. Estes elementos não são apenas componentes físicos do nosso mundo, mas também metáforas poderosas que podem ser aplicadas ao mundo empresarial.

Neste livro, exploro como essas metáforas podem fornecer uma nova perspectiva para enfrentar os desafios modernos dos negócios. Ao relacionar as qualidades de cada elemento com aspectos essenciais da gestão empresarial, espero oferecer insights práticos e inspiradores que possam ajudar líderes e gestores a criar empresas mais equilibradas, inovadoras e resilientes.

Acredito que a integração dos princípios da terra, ar, água e fogo pode transformar a maneira como pensamos e conduzimos nossos negócios, promovendo uma abordagem mais holística e sustentável. Espero que este livro inspire você a refletir sobre suas próprias práticas e a considerar novas formas de alcançar o sucesso e a longevidade em suas empreitadas empresariais.

Atenciosamente

Ernesto P. Neto

Junho de 2024

INTRODUÇÃO

Desde tempos imemoriais, os elementos da natureza têm sido reverenciados e estudados por suas propriedades únicas e pelas lições que oferecem. Os filósofos antigos e as culturas tradicionais reconheceram a importância da terra, do ar, da água e do fogo como os blocos de construção fundamentais do universo. Estes elementos, apesar de suas diferenças, trabalham em harmonia para criar e sustentar a vida em nosso planeta.

À medida que avançamos para o século XXI, o mundo dos negócios se torna cada vez mais complexo e dinâmico. As empresas enfrentam desafios sem precedentes e oportunidades extraordinárias. Nesse cenário, a sabedoria antiga dos quatro elementos pode fornecer insights valiosos para a gestão empresarial moderna. Este livro, intitulado "Manual Kado", vai além do título para abranger toda a capacidade estratégica de sobrevivência dos negócios.

A palavra "Kado", de origem swahili, significa "estratégia" ou "tática", capturando a essência das habilidades necessárias para enfrentar adversidades e prosperar. Inspirado pelos estudos dos quatro elementos — terra, ar, água e fogo — este livro explora como suas qualidades fundamentais podem ser aplicadas para criar empresas resilientes, inovadoras e sustentáveis.

Ao explorar pragmaticamente os elementos, convidamos o leitor a refletir sobre suas próprias práticas empresariais e a considerar como a integração dessas qualidades pode transformar sua abordagem de gestão. Assim como na natureza, onde a harmonia entre os elementos é essencial para a saúde e a vitalidade do ecossistema, a harmonização desses princípios nos negócios pode levar a um sucesso duradouro e equilibrado.

Mergulharemos nas profundezas de cada elemento, explorando suas características únicas e apresentando estratégias práticas para incorporar suas qualidades nos negócios. Que esta exploração inspire novas ideias, motive transformações e conduza a um caminho de crescimento sustentável e próspero para todas as organizações que abraçarem essas lições atemporais.

Manual Kado

Conhecimento Antigo Africano

UM MANUAL DE ESTRATÉGIAS PARA SOBREVIVÊNCIA DOS NEGÓCIOS, COM NOVAS PERSPECTIVAS E ABORDAGENS

Contendo o Capítulo Inédito: Gestão empresarial com os 4 elementos – Terra, Ar, Água e Fogo

Ernesto P. Neto

ERNESTO PNETO

"Kidogo kidogo huja mlima"
(Pouco a pouco se faz a montanha)

1. ATENÇÃO E REAÇÃO RÁPIDA

Atenção e reação rápida são aspectos importantíssimos para a sobrevivência e o sucesso tanto no mundo animal quanto na sociedade humana. A habilidade de detectar e responder rapidamente a estímulos do ambiente pode determinar a sobrevivência de um organismo na natureza e a prosperidade de uma pessoa em seus empreendimentos pessoais e profissionais. O capítulo explora a importância da atenção e da reação rápida, analisando sua relevância evolutiva, fisiológica e sua aplicação prática nos negócios e na vida cotidiana.

Atenção e Reação Rápida no Mundo Animal

Importância Evolutiva

No mundo animal, a capacidade de perceber rapidamente um predador ou uma presa pode ser a diferença entre a vida e a morte. A evolução favoreceu aqueles que desenvolveram sistemas sensoriais e mecanismos de resposta eficientes. A seleção natural tem um papel na otimização dessas capacidades, garantindo que apenas os indivíduos mais aptos possam transmitir seus genes para as próximas gerações.

Por exemplo, muitos animais têm sistemas nervosos altamente desenvolvidos que permitem a detecção e a resposta a estímulos em frações de segundo. Os gafanhotos, por exemplo, podem iniciar um salto de fuga apenas 30 milissegundos após detectar um perigo. Mamíferos predadores, como leões e tigres, possuem reflexos rápidos e visão aguçada, permitindo-lhes caçar com eficiência. A atenção sustentada é igualmente importante para os herbívoros, que precisam vigiar constantemente o ambiente para evitar predadores.

Fisiologia da Reação Rápida

A fisiologia subjacente à atenção e reação rápida envolve complexos circuitos neurológicos e hormonais. O sistema nervoso simpático, parte do sistema nervoso autônomo, é ativado em situações de perigo, desencadeando a resposta de "luta ou fuga". A liberação de adrenalina e outros hormônios do estresse prepara o corpo para uma ação imediata, aumentando a frequência cardíaca, redirecionando o fluxo sanguíneo para os músculos e dilatando as pupilas para uma melhor visão.

Atenção e Reação Rápida na Sociedade Humana

Relevância nos Negócios

No ambiente empresarial, a habilidade de perceber mudanças no mercado e responder rapidamente é fundamental para o sucesso. Empresas que conseguem antecipar tendências, adaptar-se a novas tecnologias e responder prontamente às necessidades dos clientes têm uma vantagem competitiva significativa. A atenção aos detalhes, aliada à capacidade de tomar decisões rápidas e informadas, é um diferencial apontado como fator de sucesso em vários cases.

Por exemplo, empresas de tecnologia, como a Apple e a Google, investem pesado em pesquisa e desenvolvimento para estar à frente da concorrência. A rapidez na inovação e na adaptação às demandas do mercado permitiu a essas empresas se manterem líderes de mercado por décadas. Além disso, a agilidade na tomada de decisões em resposta a crises, como a capacidade de gerenciar eficazmente problemas de relações públicas ou questões de segurança de produtos, pode mitigar danos e proteger a reputação da empresa.

Aplicações na Vida Cotidiana

A atenção e a reação rápida também são vitais na vida pessoal. No trânsito, por exemplo, a capacidade de reagir rapidamente a situações inesperadas pode evitar acidentes e salvar vidas. Motoristas atentos são capazes de antecipar movimentos de outros veículos e pedestres, reduzindo o risco de colisões.

Em situações de emergência, como incêndios ou desastres naturais, a habilidade de agir prontamente pode significar a diferença entre a vida e a morte. A formação de primeiros socorros e a preparação para emergências aumentam a capacidade de resposta eficaz, protegendo indivíduos e comunidades.

Desenvolvimento de Habilidades de Atenção e Reação

Existem várias maneiras de melhorar a atenção e a capacidade de reação. Treinamento e prática contínua são fundamentais. No ambiente empresarial, programas de treinamento focados em habilidades de liderança, tomada de decisão e gerenciamento de crises podem preparar funcionários para responder eficientemente a situações imprevistas.

Na vida cotidiana, atividades como a prática de esportes, jogos de estratégia e meditação podem melhorar a capacidade de concentração e a prontidão para agir. A meditação, em particular, é conhecida por aumentar a atenção plena, permitindo uma melhor percepção dos estímulos e uma resposta mais rápida e adequada às situações.

A atenção e a reação rápida, portanto, são atributos fundamentais observáveis tanto no mundo animal quanto na sociedade humana. No ambiente natural, esses atributos são essenciais para a sobrevivência. Na sociedade humana, são igualmente vitais para o sucesso nos negócios e na vida pessoal. Investir no desenvolvimento dessas habilidades pode trazer benefícios significativos, proporcionando uma vantagem competitiva e aumentando a segurança e a eficiência em diversas situações. Em um mundo em constante mudança, a capacidade de perceber e reagir rapidamente é, sem dúvida, uma das qualidades mais valiosas que se pode possuir.

2. PRECAUÇÃO E AÇÕES COBERTAS

A precaução nos negócios e a exposição a ambientes a descoberto são temas interligados que abordam a gestão de riscos e a capacidade de antecipar e mitigar possíveis ameaças. Em um cenário econômico cada vez mais volátil e globalizado, as empresas devem adotar uma abordagem proativa para garantir a sustentabilidade e a resiliência. O capítulo explora a importância da precaução nos negócios, analisando estratégias para minimizar riscos e os desafios de operar em ambientes expostos.

A Importância da Precaução nos Negócios

Definição de Precaução

Precaução, no contexto empresarial, refere-se à adoção de medidas preventivas para evitar ou minimizar riscos potenciais que possam impactar negativamente a organização. Essas medidas envolvem a identificação de ameaças, a análise de suas possíveis consequências e a implementação de estratégias para mitigar seus efeitos.

Benefícios da Precaução

A adoção de uma abordagem preventiva traz diversos benefícios para as empresas, incluindo:

1. Redução de Riscos: A precaução ajuda a identificar e abordar possíveis ameaças antes que elas se tornem problemas significativos, reduzindo a probabilidade de prejuízos financeiros, danos à reputação e outras consequências negativas.

2. Melhoria da Resiliência: Empresas que adotam práticas preventivas são mais capazes de resistir a crises e desafios, mantendo a continuidade dos negócios em situações adversas.

3. Aumento da Confiança dos Stakeholders: Investidores, clientes e outros stakeholders tendem a confiar mais em empresas que demonstram uma gestão eficaz de riscos, o que pode levar a melhores relações e maior lealdade.

4. Cumprimento de Regulamentações: Muitas indústrias são regulamentadas por leis que exigem práticas de precaução. Cumprir essas normas pode evitar multas e sanções legais.

Estratégias de Precaução nos Negócios

Análise de Riscos

A análise de riscos é um passo fundamental na implementação de uma estratégia de precaução. Envolve a identificação de possíveis ameaças, a avaliação de sua probabilidade e impacto e a priorização das ações preventivas. Métodos comuns de análise de riscos incluem:

1. SWOT (Strengths, Weaknesses, Opportunities, Threats): Análise das forças, fraquezas, oportunidades e ameaças da empresa.
2. Análise PESTEL (Political, Economic, Social, Technological, Environmental, Legal): Avaliação dos fatores externos que podem

impactar a organização.

3. Mapeamento de Riscos: Identificação e visualização dos riscos em um gráfico para facilitar a priorização e o monitoramento.

Planejamento de Contingência

O planejamento de contingência envolve a criação de planos de ação para responder a situações imprevistas. Esses planos devem ser detalhados e testados regularmente para garantir sua eficácia. Elementos-chave do planejamento de contingência incluem:

1. Desenvolvimento de Protocolos de Resposta: Definição clara dos passos a serem seguidos em caso de crise.
2. Treinamento de Equipes: Capacitação dos funcionários para que saibam como agir em situações de emergência.
3. Simulações e Exercícios: Realização de simulações de cenários de crise para testar e refinar os planos de contingência.

Diversificação

A diversificação é uma estratégia eficaz para minimizar riscos ao espalhar investimentos e operações por diferentes áreas. Isso pode incluir:

1. Diversificação de Produtos e Serviços: Desenvolvimento de um portfólio variado para reduzir a dependência de um único produto ou mercado.
2. Diversificação Geográfica: Expansão para novos mercados para diminuir a exposição a riscos específicos de um único local.
3. Diversificação de Fornecedores: Manutenção de múltiplos fornecedores para garantir a continuidade do suprimento em caso de falha de um deles.

Desafios da Exposição a Ambientes a Descoberto

Ambientes a Descoberto

Operar em ambientes a descoberto significa estar exposto a riscos desconhecidos ou não mitigados, o que pode ocorrer por diversas razões, como a entrada em novos mercados, a adoção de novas tecnologias ou a resposta a crises inesperadas.

Riscos Associados

Os principais riscos de operar em ambientes a descoberto incluem:

1. Incerteza do Mercado: Novos mercados podem apresentar desafios imprevisíveis, como mudanças nas preferências dos consumidores ou instabilidade econômica.
2. Vulnerabilidades Tecnológicas: A adoção de novas tecnologias pode expor a empresa a riscos de segurança cibernética ou falhas operacionais.
3. Riscos Regulatórios: Novas jurisdições podem ter regulamentações complexas que a empresa precisa cumprir, aumentando o risco de não conformidade.

Estratégias de Mitigação

Para mitigar os riscos associados a ambientes a descoberto, as empresas podem adotar as seguintes estratégias:

1. Pesquisa de Mercado: Realizar pesquisas detalhadas para entender melhor os novos mercados e antecipar possíveis desafios.
2. Investimento em Segurança: Implementar medidas robustas de segurança cibernética e de dados para proteger contra ameaças tecnológicas.
3. Consultoria Jurídica: Contratar consultores jurídicos para garantir o cumprimento das regulamentações locais e evitar sanções.

A precaução nos negócios é essencial para garantir a sustentabilidade e o sucesso a longo prazo. Ao adotar uma abordagem proativa na gestão de riscos, as empresas podem minimizar os impactos negativos de ameaças potenciais e melhorar sua resiliência. No entanto, operar em ambientes a descoberto apresenta desafios únicos que requerem estratégias específicas de mitigação. Ao equilibrar a precaução com a capacidade de explorar novas oportunidades, as empresas podem navegar com sucesso pelas incertezas do mercado global.

3. ELEMENTOS DA GESTÃO

Integrando Terra, Ar, Água e Fogo ao Mundo dos Negócios

Terra

A Terra é a base sólida que sustenta toda a vida. Ela representa estabilidade, firmeza e a conexão profunda com o mundo físico. Na mitologia e filosofia, a terra é frequentemente associada à maternidade, à fertilidade e à produção. Plantas e árvores crescem na terra, retirando dela os nutrientes necessários para sua sobrevivência e crescimento. Montanhas e rochas simbolizam a força e a resistência, enquanto os campos e vales representam a fecundidade e a provisão.

Na agricultura, a terra é fundamental. O solo fértil é essencial para o cultivo de alimentos, suportando a vida humana e animal. Nas cidades, a terra oferece a base sobre a qual construímos nossas casas, edifícios e infraestrutura. A terra também abriga minerais preciosos e recursos naturais que impulsionam a economia global.

Ar

O Ar é o elemento invisível, mas vital, que envolve a Terra e permeia todos os espaços. Ele é sinônimo de liberdade, movimento e vida. Sem ar, a vida, tal como a conhecemos, seria impossível. O ar é essencial para a respiração dos seres vivos e é o meio pelo qual as aves e outros seres alados se movem.

O ar também simboliza o pensamento e a comunicação. É através do ar que o som viaja, permitindo a fala, a música e todos os tipos de comunicação auditiva. A tecnologia moderna depende do ar para transmitir sinais de rádio, televisão e internet sem fio. Além disso, os ventos, que são movimentos do ar, têm um papel na regulação do clima e na distribuição de sementes e pólen, facilitando a polinização e a reprodução das plantas.

Água

A Água é o elemento da fluidez, adaptação e purificação. Cobrindo cerca de 71% da superfície da Terra, a água é um recurso vital para todos os organismos vivos. Ela é essencial para a hidratação, a agricultura, a higiene e inúmeras outras atividades humanas. Rios, lagos, oceanos e geleiras compõem os diversos corpos de água que sustentam a biodiversidade do planeta.

A água tem a capacidade única de se transformar em diferentes estados: líquida, sólida (gelo) e gasosa (vapor). Esta adaptabilidade permite que a água desempenhe diversos papéis no ciclo hidrológico, desde a precipitação até a evaporação. Na cultura e na religião, a água é frequentemente vista como um símbolo de pureza, renovação e transformação. Cerimônias de batismo e rituais de purificação utilizam a água como um meio para limpar e renovar espiritualmente.

Fogo

O Fogo é o elemento da energia, transformação e destruição. Ele possui um poder imenso para tanto criar quanto destruir. O fogo é essencial para a civilização humana, permitindo a cozimento dos alimentos, a forja de ferramentas e armas, e a geração de calor e luz. Na mitologia, o fogo é frequentemente associado ao espírito, à paixão e à força de vontade.

Além de seu papel prático, o fogo também representa a purificação e a renovação. Na natureza, incêndios florestais podem parecer devastadores, mas também desempenham um papel na ecologia, promovendo a regeneração e a diversificação dos ecossistemas. Culturalmente, o fogo simboliza a criatividade e a inspiração, acendendo ideias e paixões que impulsionam o progresso humano.

A União dos Elementos na História

Os quatro elementos – terra, ar, água e fogo – se interligam de maneira complexa e harmoniosa, criando e sustentando a vida na Terra. Cada elemento possui características únicas, mas é através de sua interação que a natureza encontra equilíbrio e dinamismo.

A terra fornece a base sólida e os nutrientes necessários para a vida vegetal. As plantas, por sua vez, dependem do ar para a fotossíntese, um processo que transforma dióxido de carbono e luz solar em oxigênio e energia, fundamental para a vida animal e humana. A água é essencial para todos os processos biológicos, desde a hidratação até a regulação da temperatura. E o fogo, embora frequentemente visto como destrutivo, é vital para a transformação, a renovação e a geração de energia.

Juntos, esses elementos criam um ciclo de vida contínuo e interdependente. A chuva (água) nutre o solo (terra), permitindo o crescimento das plantas que liberam oxigênio no ar. O fogo pode limpar terrenos, promovendo novo crescimento e diversificação ecológica. Este ciclo incessante de interação e renovação dos elementos é o que mantém a Terra vibrante e viva, permitindo a existência de ecossistemas complexos e diversificados.

Em nossa sociedade, esses elementos também desempenham papéis importantes. A terra é a base da agricultura e da construção. O ar é essencial para a saúde e a comunicação. A água é vital para todas as formas de vida e atividades humanas. E o fogo, através da energia e da tecnologia, impulsiona o desenvolvimento e o progresso. Juntos, esses elementos nos lembram da complexidade e beleza da natureza, e da necessidade de viver em harmonia com o mundo ao nosso redor.

A Interação dos Quatro Elementos nos Negócios Humanos

Os quatro elementos clássicos – terra, ar, água e fogo – têm sido utilizados como metáforas para descrever vários aspectos da vida humana e da natureza. Na esfera dos negócios, esses elementos podem ser aplicados para entender e melhorar práticas empresariais, estratégias de gestão e o crescimento pessoal. Este capítulo explora como cada elemento se relaciona com os negócios humanos, destacando suas características únicas e como podem ser aproveitadas para promover o sucesso e a sustentabilidade.

Terra: Estabilidade e Fundamentos

A terra simboliza a base sólida e a estabilidade necessária para construir e manter uma empresa próspera. Assim como na natureza, onde a terra fornece os nutrientes essenciais para o crescimento das plantas, nos negócios, ela representa os alicerces sobre os quais uma empresa é construída.

Aplicações nos Negócios
- Planejamento Estratégico: Um planejamento cuidadoso e uma base sólida são essenciais para o sucesso a longo prazo. Isso inclui a criação de um plano de negócios robusto, a análise de mercado e a definição clara de objetivos e metas.
- Gestão Financeira: A estabilidade financeira é fundamental. Manter um fluxo de caixa saudável, investir sabiamente e evitar dívidas excessivas são práticas que garantem a solidez da empresa.
- Infraestrutura: Investir em infraestrutura física e tecnológica garante que a empresa possa operar eficientemente e crescer de maneira sustentável. Isso inclui desde a localização física até sistemas de TI robustos.

Ar: Inspiração e Inovação

O ar é o elemento da liberdade, do pensamento e da comunicação. Nos negócios, ele representa a criatividade, a inovação e a capacidade de adaptação às mudanças. O ar permite que as ideias circulem, que a comunicação seja eficaz e que novas oportunidades sejam exploradas.

Aplicações nos Negócios
- Inovação e Criatividade: Fomentar uma cultura de inovação dentro da empresa faz toda a diferença no seu sucesso. Isso pode ser alcançado incentivando o brainstorming, aceitando novas ideias e investindo em pesquisa e desenvolvimento.
- Comunicação: A comunicação eficaz é a chave para o sucesso organizacional. As empresas devem assegurar que a comunicação interna e externa seja clara, aberta e eficiente.
- Flexibilidade: Adaptar-se rapidamente às mudanças do mercado é essencial. Empresas flexíveis podem ajustar suas estratégias conforme necessário, respondendo rapidamente a novas tendências e demandas.

Água: Adaptabilidade e Fluidez

A água é o elemento da fluidez, adaptabilidade e purificação. Nos negócios, ela representa a capacidade de se adaptar a novas circunstâncias, de fluir com as mudanças e de manter a clareza e a pureza nas operações.

Aplicações nos Negócios
- Gestão de Mudanças: A capacidade de gerir mudanças é fator decisivo para a sobrevivência e o sucesso. Isso inclui estar aberto a novas formas de trabalho, novos mercados e tecnologias emergentes.
- Resiliência: Empresas resilientes podem enfrentar adversidades e se recuperar rapidamente de crises. Desenvolver um plano de contingência e ter práticas de gestão de riscos em vigor são maneiras de garantir a resiliência.
- Sustentabilidade: A água também simboliza a necessidade de práticas sustentáveis. Empresas devem adotar políticas ecológicas e práticas sustentáveis para garantir a preservação dos recursos naturais e a responsabilidade social.

Fogo: Energia e Renovação

O fogo representa a energia, a paixão e a capacidade de transformação. Nos negócios, ele simboliza o entusiasmo, a motivação e a capacidade de inovar e se renovar constantemente.

Aplicações nos Negócios
- Motivação e Liderança: Líderes apaixonados e energéticos podem inspirar suas equipes a alcançar grandes feitos. A motivação contínua é essencial para manter o moral alto e promover a produtividade.
- Transformação e Renovação: O fogo também representa a capacidade de transformação. Empresas devem estar dispostas a reinventar-se para permanecerem competitivas. Isso pode incluir reestruturações, lançamentos de novos produtos ou mudanças em modelos de negócios.
- Empreendedorismo: O espírito empreendedor é alimentado pelo fogo da paixão e da inovação. Estar disposto a correr riscos calculados e perseguir novas oportunidades é essencial para o crescimento e o sucesso.

A União dos Elementos nos Negócios

A interação harmoniosa dos quatro elementos – terra, ar, água e fogo – é fundamental para a criação de uma empresa equilibrada e bem-sucedida. Cada elemento contribui de maneira única para o ecossistema empresarial, e sua integração pode levar a um desempenho superior e sustentável.

Estratégias Integradas
- Estabilidade com Inovação (Terra e Ar): Estabelecer uma base sólida enquanto se promove uma cultura de inovação pode

resultar em um crescimento sustentável e competitivo.
- Adaptação com Energia (Água e Fogo): A capacidade de se adaptar às mudanças com entusiasmo e energia pode permitir que as empresas não apenas sobrevivam, mas prosperem em tempos de incerteza.
- Resiliência com Sustentabilidade (Terra e Água): Manter a estabilidade financeira e operacional enquanto se adota práticas sustentáveis garante a longevidade e a responsabilidade corporativa.
- Transformação com Comunicação (Fogo e Ar): A capacidade de se transformar e inovar, combinada com uma comunicação eficaz, pode levar a uma implementação bem-sucedida de novas ideias e estratégias.

A aplicação dos quatro elementos – terra, ar, água e fogo – no contexto dos negócios oferece uma abordagem rica e multifacetada para a gestão e o crescimento empresarial. A estabilidade da terra, a inspiração do ar, a adaptabilidade da água e a energia do fogo, quando combinados, criam uma empresa resiliente, inovadora e sustentável. Ao reconhecer e integrar essas qualidades em suas práticas, as empresas podem navegar com sucesso pelos desafios do mercado e alcançar um sucesso duradouro.

4. CRONOGRAMA MANUAL KADO

Seus Cronogramas sobre Atenção, Reação Rápida e Precaução nos Negócios

MANUAL KADO 1

Desenvolvimento do seu
MANUAL KADO 1

Atenção e Reação Rápida no Mundo Animal e na Sociedade Humana

Introduzindo a importância da atenção e da reação rápida para a sobrevivência e o sucesso:

Parte 1: Atenção e Reação Rápida no Mundo Animal
- Importância Evolutiva
  - Papel na sobrevivência de predadores e presas.
  - Exemplos: gafanhotos e grandes felinos.
- Fisiologia da Reação Rápida
  - Sistema nervoso simpático e resposta de "luta ou fuga".
  - Efeitos fisiológicos: aumento da frequência cardíaca, redirecionamento do fluxo sanguíneo, dilatação das pupilas.

Parte 2: Atenção e Reação Rápida na Sociedade Humana
- Relevância nos Negócios
  - Vantagem competitiva na antecipação de tendências e adaptação a mudanças.
  - Exemplos de empresas: Apple e Google.
  - Gestão de crises e proteção da reputação.
- Aplicações na Vida Cotidiana
  - Importância no trânsito e em situações de emergência.
  - Treinamento em primeiros socorros e preparação para desastres.
- Desenvolvimento de Habilidades de Atenção e Reação
  - Treinamento e prática contínua.
  - Atividades como esportes, jogos de estratégia e meditação para melhorar a concentração e prontidão.

Concluindo

- Reflita sobre a importância da atenção e reação rápida.
- Benefícios dessas habilidades no mundo animal e na sociedade humana.
- Importância do investimento no desenvolvimento dessas habilidades.

ERNESTO PNETO

MANUAL KADO 2

Desenvolvimento do seu
MANUAL KADO 2

Precaução nos Negócios e Exposição a Ambientes a Descoberto

Introduzindo a relação entre gestão de riscos, precaução e sustentabilidade empresarial:

Parte 1: A Importância da Precaução nos Negócios
- Definição de Precaução
  - Adoção de medidas preventivas para evitar ou minimizar riscos.
- Benefícios da Precaução
  - Redução de riscos, melhoria da resiliência, aumento da confiança dos stakeholders, cumprimento de regulamentações.

Parte 2: Estratégias de Precaução nos Negócios
- Análise de Riscos
  - Métodos: SWOT, PESTEL, mapeamento de riscos.
- Planejamento de Contingência
  - Desenvolvimento de protocolos, treinamento de equipes, simulações e exercícios.
- Diversificação
  - Diversificação de produtos e serviços, geográfica e de fornecedores.

Parte 3: Desafios da Exposição a Ambientes a Descoberto
- Ambientes a Descoberto
  - Definição e razões para a exposição.
- Riscos Associados
  - Incerteza do mercado, vulnerabilidades tecnológicas, riscos regulatórios.
- Estratégias de Mitigação

- Pesquisa de mercado, investimento em segurança, consultoria jurídica.

Concluindo
- Reflita sobre a importância da precaução nos negócios.
- Estabeleça desafios e estratégias para mitigar riscos em ambientes a descoberto.
- Faça o equilíbrio entre precaução e exploração de novas oportunidades para o sucesso empresarial.

Aplicação dos Manuais Kado

Esses MANUAIS KADO descritos acima, em forma de cronograma, permitem uma abordagem sistemática. Estão organizados para desenvolver e aprofundar cada um dos tópicos, assegurando capacidade estratégica e compreensão abrangente e detalhada de cada tema.

Podem ser aplicados a qualquer forma e tipo de negócios, desde pequenos aos grandes, sejam comércios, indústrias ou empreendedorismo em geral.

Terceiro setor e ongs provavelmente terão muito a aproveitar do conhecimento KADO.

5. EXEMPLO PRÁTICO DA APLICAÇÃO DO KADO

Imagine uma pequena empresa familiar na costa da Tanzânia que produz artesanato tradicional. Durante décadas, eles enfrentaram desafios significativos, como mudanças nas demandas do mercado e competição crescente de produtos importados. Para sobreviver e prosperar, a família decide aplicar os princípios de "Kado" em sua estratégia empresarial.

Primeiramente, reconhecem a importância de adaptar seus produtos às tendências modernas, mantendo ao mesmo tempo a autenticidade e qualidade do artesanato local (água). Em seguida, utilizam técnicas de marketing criativas para destacar seus produtos únicos no mercado global (fogo). Ao mesmo tempo, fortalecem suas relações com fornecedores locais e parceiros de distribuição para garantir uma cadeia de suprimentos robusta e confiável (terra). Por fim, investem em treinamento e capacitação para seus funcionários, promovendo um ambiente de trabalho colaborativo e inovador (ar).

Com essas estratégias integradas, a empresa não só sobrevive às adversidades, mas também prospera, expandindo suas operações e preservando a herança cultural local. Este exemplo ilustra como os princípios de "Kado" podem ser aplicados de maneira prática e eficaz em um contexto empresarial real, inspirando outras organizações a adotarem uma abordagem estratégica e adaptável para enfrentar desafios similares.

6. PROVÉRBIOS SWAHILI ANTIGOS: SABEDORIA PARA A VIDA MODERNA

Os provérbios Swahili, também conhecidos como "methali" ou "misemo", são nuggets de sabedoria encapsulados em frases concisas e impactantes. Através dos séculos, esses provérbios foram transmitidos de geração em geração, servindo como guias para a vida cotidiana, relacionamentos, ética e negócios.

Embora nem todos os provérbios Swahili sejam diretamente aplicáveis ao mundo moderno, ou aos negócios, muitos carregam lições valiosas que podem ser reinterpretadas e adaptadas ao contexto empresarial.

"Mtu ni mtu kwa mtu." (Um ser humano é um ser humano para outro ser humano.)

Este provérbio enfatiza a importância da igualdade e do respeito mútuo entre todos os indivíduos, independentemente de suas origens, status ou crenças. É uma sugestão de que devemos tratar uns aos outros com compreensão.

"Usijali mchumba kwa ndoa, jali ndoa kwa mchumba." (Não se preocupe com o casamento para o noivo, preocupe-se com o noivo para o casamento.)

Este provérbio aconselha cuidado na escolha de um parceiro para o casamento. Vai além da atração física e superficial, incentivando a ponderação sobre os valores, caráter e compatibilidade do parceiro para construir um relacionamento duradouro e feliz.

"Mvua haina mbingu." (A chuva não tem teto.)
Este provérbio simboliza a inevitabilidade de alguns eventos na vida. Assim como a chuva cai sobre todos, independentemente de status ou riqueza, algumas situações fogem do nosso controle. A chave está em como as enfrentamos, com resiliência e aceitação.

"Kufanya ni kujifunza."　(Fazer é aprender.)
Este provérbio destaca a importância da prática e da experiência no processo de aprendizado. Não basta apenas ler ou ouvir sobre algo; é preciso colocar em prática para realmente compreender e dominar uma habilidade.

"Haraka haina baraka." (A pressa não traz bênçãos.)

Este provérbio aconselha paciência e cuidado em nossas ações. A pressa pode levar a erros, decisões precipitadas e resultados insatisfatórios. É importante tomar o tempo necessário para refletir, planejar e executar com atenção.

"Kidogo kidogo huja mlima." (Pouco a pouco se faz a montanha.)

Este provérbio enfatiza a importância da persistência e da consistência para alcançar grandes objetivos. Mesmo que a jornada pareça árdua, pequenos passos consistentes ao longo do tempo podem levar a conquistas significativas.

"Usiache ngoma katikati." (Não abandone a dança no meio.)

Este provérbio incentiva perseverança e compromisso, mesmo diante de desafios. Quando as coisas ficam difíceis, é importante manter o foco e a determinação para alcançar seus objetivos.

8. "Jamaa ni hazina." (Um amigo é um tesouro.)
Este provérbio destaca o valor da amizade e das

relações interpessoais. Os verdadeiros amigos oferecem apoio, companheirismo e enriquecem nossas vidas de maneiras inimagináveis.

"Mtu akili hujifunza kwa makosa ya wengine." (Uma pessoa inteligente aprende com os erros dos outros.)

Este provérbio incentiva o aprendizado com as experiências dos outros, tanto positivas quanto negativas. Ao observar as consequências das ações de outras pessoas, podemos evitar cometer os mesmos erros e tomar decisões mais sábias em nossas próprias vidas.

"Ukiona wenzako akizama, jichungeza wako." (Quando você vê seu vizinho caindo, cuide do seu próprio teto.)

Este provérbio aconselha cuidado com a comparação e a inveja. Em vez de se concentrar nas falhas ou conquistas dos outros, é importante cuidar de seus próprios problemas e objetivos.

Esses provérbios Swahili oferecem um vislumbre da rica sabedoria contida na cultura Swali. Vamos explorá-los e ponderá-los, podemos estabelecer conclusões valiosas para encarar desafios da vida moderna e construir uma carreira empresarial gratificante.

Obrigado!

FIM

www.ingramcontent.com/pod-product-compliance
Lightning Source LLC
Chambersburg PA
CBHW072054230526
45479CB00010B/1060